El canto de las luces azules

Montse Cuervo
Chus Pedro

El canto
de las luces
azules

ORPHEUS EDICIONES CLANDESTINAS

© Montse G. Cuervo & Chus Pedro

DE LA FOTOGRAFÍA DE LOS AUTORES: © Álvaro Cortina

© 2024 DEL DISEÑO, COMPOSICIÓN Y EDICIÓN:
ORPHEUS EDICIONES CLANDESTINAS
Gijón, Asturias, España
editorial@orpheus.es
orpheus.es

ISBN: 978-84-196915-1-4
DEPÓSITO LEGAL: AS-03575-2023

Este libro hace el número 123 del catálogo de ORPHEUS.

Impreso por Podiprint
Impreso en España | Printed in Spain

Gijón, Principado de Asturias (España), 2024

A la escritora que unió el canto con la luz
Gracias, Inés

En el silencio se escucha su eco,
la ausencia pesa como un yugo.
Se desvanece su risa en el viento,
dejando un vacío, un lamento.
En el jardín de los recuerdos florece,
su imagen perdura, no desaparece.
El tiempo pasa, el dolor persiste,
la pérdida de un ser querido, triste.
Entre lágrimas se teje el hilo de los suspiros.
La memoria guarda su esencia viva,
en el corazón, un lugar que no se olvida.

ELBA MORÁN CUERVO

Cada noche abre con sus delicadas manos un libro, lee una de sus historias, cierra los ojos y las revive en sus sueños. Cuando amanece con los ojos abiertos vuelve a vivir lo que en la noche sintió con las manos que la acariciaban. Desconoce la maldición que el manuscrito lleva impregnado en sus palabras.

Hace miles de años, un mago de grandes poderes fue traicionado por la mujer que amaba, había encontrado un libro escondido en el lecho donde la infidelidad se consumió. Llevado por el odio conjuró al libro con una maldición a la que había amado, ésta al leerlo quedó hechizada a no sentir placer. El mago lleno de rencor le informó días después del hechizo con que había dotado a las sílabas que con tanto gozo habían saciado las oscuras noches a la bruja a espaldas del mago:

«Sólo cuando encuentres alma pura y ésta lea todas las palabras en este códice contenidas volverás a sentir deleite sexual, hechizarás a la dama a la que cedas el libro con vagar los días llorando

cautiverio, únicamente en la Noche de San Juan ella podrá romper su embrujo».

A su vez la bruja condenó al gran mago:

«Mientras yo no sienta, tu odio crecerá dentro de ti, sólo hallarás la paz con el fin de mi desdicha y la libertad de la cautivada».

Ayalga, inocente víctima de la historia de otros, abre cada noche el libro haciendo que la lujuria tome sus noches y durante el día masturbe su cuerpo con el recuerdo.

El Trasgu recordaba los tiempos en que sigiloso se colaba en la casa de la joven Ayalga. La había visto cuando con los ojos cerrados gemía retorciéndose en su cama soñando con ser poseída por algún cuerpo bien dotado. Deseaba atravesar su cuerpo inhumano, introducirse en aquel sueño y con su miembro bien erecto hacer realidad esa fantasía. Desde aquel día Trasgu había sido tomado por un sentimiento más humano que el propio cuerpo, Ayalga hechizada poco a poco, sin saberlo, despertó un sentimiento en el Trasgu.

Ahora, él también soñaba.

Contenido

Formas de su cuerpo
imitaban la posición de aquel libro
donado por la bondad de aquella alma.
El papiro abría un mundo de placer
al despertar de su cuerpo,
cada noche sueña con las palabras
que rozan todo su espíritu.
Excitando lugares escondidos
nunca sospechados,
el placer toma su clítoris manando deseo
despertando el gozo en aquel sueño.
Desliza sus manos sobre su cuerpo
resbalando por las huellas de su boca,
su miembro se endurece
brotando dentro de ella.
Unidos danzan en la locura del juego
rozando sus sexos hasta llegar al dolor del clímax,

tiemblan sin control de una forma salvaje
desahuciando fronteras a sus apetitos.
De sus cuerpos emanan los licores del deleitoso
orgasmo.
Desea más.

Baño

Se levanta empapada de él,
no quiere eliminar
el aroma de su sexo
tatuado en la piel.
El agua se desliza por ella
mientras toda su tersura
se eriza de recuerdo,
¡placentera imaginación!
Secando el gozo de su alma
desea otra noche.
Añora soñarle.

Sueños

Mezclaste tu semen con mi piel,
las sales de los sudores se unieron
al goce de noventa grados
sobre la gélida losa de tu cocina.

Con tus manos
acariciaste al sentir,
elasticidad
en miles de posiciones.

Fermentaste el sexo
en el tiempo,
hasta hacer temblar
mi cuerpo.

Con la forma perfecta
entre tus dedos

moldeaste el ardor
que mi horno ansioso esperaba.

Creíste que yo era alimento de tu boca,
sin embargo mi calor
era el que te llamaba,
sediento de mí te rendías.

Evaporada mi voz en cada jadeo
haciendo del silencio grito...
la cueva se abría,
mi vientre ardía.

Sueño del Trasgu

Me cuelo en tu techo y te veo temblar rondando las sábanas entre tus piernas. Arrojo algún objeto para atraer tu deseo y despertarte del placer que habita tu cabeza. Cierro los ojos y te despojo del satén de tu piel, para sentir la calidez de los poros que te atrapan. Siento tus pezones excitados hacia el cielo y los lamo con mi lengua, jugueteando con las aréolas que se elevan. Sudas y mi boca bebe de tu mar, desciende al fondo marino de tu mundo siguiendo al aroma del sexo. Estoy dentro y rompo el calor con el temor de lograrte.

Por fin, soy humano.

Masturbación del recuerdo

Siente sus dedos
sobre las curvas del deseo,
migas de aromas
hacia el pubis palpitante.
Imaginando su sexo
penetrando en el vergel,
placer y deseo se jodían
en las acopladas posiciones.
Ella sentía alma flotar
sobre la desnudez
de un sueño más,
poco a poco él la tomó.

Obra

Dibujó besos sobre su lienzo,
pincelaba todo su cuerpo
con aceite en su boca.

Retrato

Recorriendo con la punta de su cuerpo
las líneas imaginarias del sexo,
excitando la sensibilidad de un clítoris
enmudecido del sentir.
Los restos de su pintura
impregnaban las sábanas,
untaban de placer el amanecer
una noche más.
El cuadro de una cama desecha despertaba.

Absorción sexual

Hoy me he mirado en el río
una sombra me respondía,
sin embargo, el deseo
seguía empoderando su mirada.

Esta noche te soñé
galopando sobre mi cuerpo,
volteando la pasión
en un rastrojo de aroma a sexo.

Te chupé con mi lengua,
devorando todos los surcos de tu arrecife,
al soplar el goce a tu oído
me corrí sintiendo dentro tu pene.

Al despertar las sábanas mojadas
eran testigos,

de lo que la noche
en sus brazos ocultaba.

Te vi a lo lejos
como un eco que se intuye,
luchando por tomar tu aliento
allí estabas desnudo de sonrisas.

Esta oscuridad me devora,
una luz hermosa
apaga la ilusión de follarte bajo la luna,
mi luciérnaga te llama.

¿Qué me pasa?

Último pétalo

Mis manos atraviesan otra hoja,
esta noche ausentaste tu calor
a la desnuda patria,
yo, vacía de tu bandera,
me hice estandarte con tu sombra.

Ya no despierto,
el ocaso golpea mis piernas
cerradas se llenan de tristeza,
canto a la noche
llorando tu regreso.

Me vigila,
sus ojos acechan celosos
de dos mentes que se ansían,
huele el rastro de nuestra lujuria.

Se arrastra sobre mí
buscando tener
lo que tus hojas me dieron.

Las estaciones te lloran,
las mareas te intuyen,
los vientos te hablan
y el mismo ardor quemándome por dentro.

Comerme la vida de tu cuerpo,
fundirme en la piel
lamiendo los sudores del placer.

¿ Qué mal he hecho para merecer tu carencia?

Ayalga finaliza el libro, condenada a vivir en la oscuridad custodia junto al vigilante cuélebre grandes riquezas. Los animales y las plantas le cuentan lo que sus ojos cerrados soñaron. Imagina un amor que la exima de la tristeza sin pensar en la abundancia que en su lecho descansa. Cada año, en la noche de San Juan, con la esperanza de ser rescatada de su cautiverio canta melódicas canciones emitiendo luces azules para así atraer al hombre que dé muerte a su verdugo y le libere de la oscuridad. Únicamente el verdadero amor le devolverá la apariencia humana y bendecirá esa unión con un tesoro nunca soñado.

Así año tras año, Ayalga busca en una noche al hombre con el corazón lleno de amor, vacío de codicia.

El hechizo

Condenada al todo y la nada
Susurra tristeza
Emanando deseo
En la esperanza de una única noche.
Amor o ambición
Una sola llave abre la prisión.

El faro

En la noche recordé la mirada soñando contigo,
al girar mi cuerpo encontré la ausencia del aliento
acariciando mis pupilas.

Orgasmo en mis pechos.

Deseosa luna quiso acariciar tu cuerpo,
meciendo labios en la galaxia del placer
rindiéndose a la insignia de nuestra piel.

Confusa palidez de cuerpo nos invadía
en el tibio deseo de la noche perfecta,
la lividez del brillo nos atrapaba
en la distancia de la madrugada.

Recordé que eras astro perdido
hambriento en otro cielo,

estrella fugaz de tu vientre rompía la noche
clamando ardientes labios.

Al alba el eco de tu voz tembló,
siervo de aquellas palabras
deseoso de las estrellas
palpitantes de sexo.

Muertos los temblores del miedo,
efímeros al brillo de una vela
centelleando erotismo
en las azules estrellas.

El cielo oculto en el verde de las praderas,
lejos del mar que nos añoraba
en la erosión de lo imposible,
lejano de aquellos ojos me olvidé del universo.

Era la luz que necesitaba,
sentir cada poro de piel
regresando a la dulce melodía de los besos,
te recuerdo brillando en la punta de mi faro.

Desperté.

Noche de verano

El eco de la noche susurra una melodía,
imaginando sus cuerpos bajo el reflejo,
unidos en la pasión de azules luces
recordando pieles entrelazadas a la medianoche.

El silencio nos acunó con el brillo de la voz,
compartiendo en cada huella
los sueños de aquella locura ardiente,
agazapados a la luz del día.

Fueron uno elevando sus alas al viento
aullando a los ocultos deseos,
en la clandestinidad de las pasiones
acariciaron el albedrío de sus almas.

Meciendo aquellos cuerpos
en las olas inagotables del tiempo,

saciaron el hambre del ensueño
bailando desnudos en la noche.

Atados a las cuerdas de sus bocas,
carnosos labios
tocaron las notas de sus sexos
en un sueño de verano.

Aquella sintonía mezclaba sus cuerpos
evaporando los mares de sus pasiones,
en los anhelos ocultos
de las sábanas mojadas.

Volaron hasta despertar en el amanecer
de una playa desnuda de arenas,
los parpados cerrados
duermen el silencio.

La melodía se disipa
entre la niebla que cubre su lecho,
noche de verano
ojalá fuera eterna.

Lo que escondes

Te provocan mis pezones,
imaginas mis labios y tu boca
al atardecer entre susurros del gozar,
el mayor tesoro escondido en tu sexo.

En el ocaso de nuestros caprichos
emanaron sudores de los cuerpos,
emergiendo sal entre nuestras lenguas
buscando saciar el hambre en la oscura noche.

Podría ser amor y romper la maldición,
al despertar del aroma del deseo
sólo recuerdos,
la mirada buscaba escondido baúl.

Mi cuerpo seguía maldito.

Orbayu

Ser llovizna
tormenta entre tus piernas,
mientras acaricias suavemente mis pechos
creciendo atraídos por un cielo de deseos.

Toma el orpín de mi cuerpo
viértelo sobre la cuna del apetito
haz un ovillo de pasiones
y lánzalos a las nubes del placer.

Mójame.

Expectativa azul

Me encantaría comerte entera
mezclando mis besos
entre la arena y tu vagina.

Comerte las olas de tu cuerpo
festejando el amanecer,
destruyendo la opresión del sentimiento.

Desnudarnos de sal
en el ocaso de los tiempos,
follarnos el mundo.

Juntos volaremos.
Danzando con las nubes
entre nuestro cuerpo .

Clímax del orgasmo perfecto.

Dejarnos evaporar en los alientos del después
para acabar entrelazando nuestros sexos
en el calor del placer del deseo de la piel.

Los años pasan, nadie ha conseguido romper la maldición, Ayalga eternamente joven sigue cantando con la esperanza de que en la noche de San Juan alguien venza al cuélebre olvidando el tesoro. Dos miradas para recorrer los días fusionados en una.

Las luces azules siguen cantando.

La espera

Esperaré por ti todas las noches,
para despertar entre sudores
en la telaraña del deseo,
con la pasión de las carnes hambrientas.

Sentirme poseída por ti,
dejarme abrazar
por las llamas fugaces del sexo
dentro del calor de mi cueva.

Mantenernos unidos
en la tempestad de las olas que vienen y van,
compartiendo la espuma vertida
sobre nuestro cuerpo.

Dentro de tus mareas, iluminas mi alma
sometiendo mis sentimientos

a todo el placer de tu cuerpo.

Mis párpados descienden,
los tuyos se abren
y el aroma de nuestro último polvo
me espera a la madrugada.

Desearía volver a jugar con tu piel
jugarme la vida en cada beso ...
otra vez.

Lluvia

Acabar siendo dos cuerpos unidos
en la boca de otros amantes
bajo la lluvia.

Vuelo hacia la luz

En la selva de mi vientre un oasis perdido espera el renacer del alba de la pasión de una pantera agazapada.

Eliminas con tus dientes los arbustos que te separan invadiendo mi cuerpo.

Besas con frenesí mis arenas húmedas tomando posesión de la feroz mirada.

Derribamos los arbustos con pasión bebiendo el agua desnudos en la cascada a la que lanzas el deseo, sintiendo el agua penetrar por todo nuestro cuerpo.

Bajo los chorros sin querer poner remedio nos devoramos bajo la fragancia de la virginidad de la ausencia que nos rodeaba.

Atrapados por el torbellino del agua deslizándonos hasta llegar a nuestro sexo, aullamos hasta hacer volar nuestra lujuria haciendo locuras que jamás pudimos imaginar.

El viento se deslizaba por mis pechos para acabar entrelazando nuestros cuerpos unidos bajo la catarata.

Ansías volar una y otra vez, fundidos.

Bajo el agua retozando nuestros cuerpos ascendiendo hacia la luz.

Amanecer

Amarnos en un solo latir,
cada noche desnudarnos el alma
para amanecer atados a nuestra cama.

Acucarse

Ondeando en el ruido
de la noche,
sentí tus párpados caer
sobre mi pecho desnudo.

Al abrir los ojos
sobre las aureolas de mi corazón,
te siento palpitar
en la triste noche.

Necesito acucarme contigo,
escuchar la vida regresar al hogar de tus recuerdos,
junto al calor de tu cuerpo
palpitando deseo.

Unidos en el amor
borrando lánguidas noches,

ausentes de estrellas
repletas de ausencias.

Sentir la pasión
inundar nuestras sábanas,
ahogando el deseo en el sacie
del hambre de nosotros.

Deseo

Mordernos como perros hambrientos
hasta el amanecer
dejando nuestras almas
sucumbir al acantilado del mañana.

Llega de nuevo la noche de San Juan, ciñe en su cintura un hermoso cinturón de flores azules, la esperanza de ser humana emana luces azules de su sexo, el aroma del deseo de su cuerpo como perfume de la noche atrae a distintos seres.

El Trasgu con su sombrero rojo recorría un camino cercano a la cueva, atraído por las luces azules se acercó a la cueva sin entrar dentro de ella, no es humano así que mantiene la distancia con la ayalguina ya que sabe que nada puede hacer más que escuchar sus tristes canciones. Sueña con que ella algún día rompa el hechizo y así poder regresar cerca de ella.

El pensamiento

Entre nosotros no existen muros que no podamos
destruir,
derribaremos cada piedra
que intente separar nuestros cuerpos
y los uniremos en el mismo infierno.
Recorreremos las montañas de la vida
ajenos al mundo,
besando nuestras lenguas
en miles de polvos.
Ningún cuélebre podrá impedir este deseo,
liberarte de las cuerdas para renacer en mi reino
enredando las ansias del tiempo
entre los poros del viento.
Emergen los calores
de una tierra viva,
alrededor se desvanecen las estaciones
sobre las hojas en el sopor del verano.

En el ocaso de las montañas
de nuestros sueños,
aullando como lobes traspasando a la Luna
que entiende de pieles.

A la noche encender la vela
en los fulgores del tiritar de las estrellas,
desnudos sobre las cimas
viendo los poros de nuestro cuerpo retozar de
deseo.
Inexplicables palpitaciones de nuestros sexos
sobre los aires que azotan nuestros pensamientos,
piensas en mí y el hambre voraz de la ausencia
nos atrapa entre sus pieles, una noche más.

Hambre

Memorizar cada orificio,
romper con mi lengua
cada uno de tus contornos
penetrando en ocultos deseos.

Mi idioma lamiendo tu torso,
piel con dulzura
para mis hambrientos ojos,
saciando ausencia.

Los astros nos iluminan al desnudarnos
explotan ante nuestra despojada sensualidad
evaporando los sudores
de nuestras deseosas pelvis.

Agarramos la luz de nuestro cuerpo
atravesando los suspiros del sexo,

cómplice en esas noches
de pasiones con nombre.

En la oscuridad, esta hambre de ti.

Los senderos de la luz

Su cuerpo celeste seduce con lujuria.
Somos marionetas a su antojo.
Dejamos a los destellos mostrarnos el camino,
placer en la noche más calurosa del año.
Desnudos sin miedos
arrojados a los pies de la tierra.
Sentimos a nuestros deseos beber su luz.

Fotosíntesis

Noche oculta en la niebla
asciende tomando la mirada,
sentir el calor en sus troncos
en el paso de las estaciones.
La savia de los cuerpos se unía en una melodía.

Báilame

Desnúdate frente al mar
Sirena sentida cada día
Entre todas las mareas.

Cuerpos nos hacen danzar
Frágil danza sexual
Tú y yo bailando las mareas.

Ensueño

Cascada que se rompe contra el suelo
lluvia que se desliza hacia el bosque,
la oscuridad que se oculta tras el sol
esperanza recogida en una noche.
Y tú ...
sólo sueñas con tocar mi piel.

Cuando piensas en mí evaporas la niebla del amanecer en las cenizas del atardecer, expectativas de la mañana para acabar en el sueño de una frondosa pradera goteando gotas de somnolencia sobre las temblorosas pieles del mañana.

Cuando pensemos en nosotros, en un mundo aletargado cantaremos al placer con gélidas melodías bajo el reflejo de la luz, asaltaremos los acantilados de las aristas de lo imposible para caer en el salitre descendiendo al sol.

Seremos inexistentes a los ojos rotos, eternamente danzaremos la vida.

Provocación

Cuando pienso en ti
me convierto en un caníbal incontrolado,
no me provoques,
voy a saborear tus huesos
aullando como un lobo hambriento de tu ser.
Cuando pienso en ti ...

La caracola del futuro

Las luciérnagas de los cielos brillaban
sobre los cuerpos follados por la luz nocturna.

Las estrellas conocían las posturas de la noche
el bosque cantaba los deseos saciados,
la última esperanza
ser humana a la luz del día.

Una caracola el futuro conocía
saciada la noche luces azules mueren,
olvidadas las promesas del placer
en los orgasmos del tiempo.

Recorridos todos los surcos
hechizados
habían apagado la música.

Otoño

Regresó el otoño,
desnudas hojas sobre su cuerpo
deslizaron las tristes manos
rendidas al ocaso del amor.
Secos labios chocaban
en la cima de los vientos,
la lluvia caía sobre sus pieles
la armonía del canto se quebró contra su sexo.
Fluyen las aguas cristalinas de su manantial,
emergiendo la pasión adolescente,
los labios se humedecen,
cada vez que sienten el latido de su vulva.
Temblando al atardecer
borbotea agua fresca que desea ser bebida,
el paso de las hojas secas
desconoce la lujuria del comienzo del verano.
Nada sabe de las nuevas hojas que los atrapaban,

manaban sensualidad
que recorría renovada sangre,
eran todo en aquella estación.

Recuerdo

Sexo con los pechos al aire
desnudas pieles en el suelo,
las piedras sin latido contemplaban
el calor de nuestros anhelos.
La nieve reposaba
en las grises rocas,
nosotros la pintábamos
con nuestras bocas.
La primera vez
el frío de lo soñado despertó la sed,
sólo quedaba el invierno
en las rosas del tiempo.

Ocaso al alba

Tus pezones serán mi almohada
beberé de ellos hasta el alba,
deseo ser tuyo entregarte mi templo
sintiendo tu alma dentro.
Ser ocaso al alba en tu deseo.

¿Quieres que sea tuyo?
Yo sí.

Alaridos en la noche

Los alaridos de la loba se fundían
con la nieve que caía sobre la noche,
se amontonaban las ganas
follándose los copos que manaban de sus corazones.

Espera otra noche encontrar en los sentimientos
el calor de su cuerpo,
ansiando el reencuentro
de las azules luces de sus sexos.

Miran al cielo, desean ser luna en el universo.

Aúlla el lobo derramando el tibio estanque sobre su
piel,
no puede atar ese ardor
que recorre sus venas,
necesita liberarlo sobre ella.

Lobo y loba aúllan fundidos en el bosque,
Ayalga y el Trasgu
escuchan los ecos de sus gemidos,
cerrando los ojos ambos aúllan.

Somos

Somos lo no escrito,
lo que nos callamos,
silencio compartido
 desierto sin arena.

Somos la luz apagada,
escarcha en verano,
labios prohibidos
canallas sin malicia.

Somos viento silbando,
rastros sin huellas,
lujuria perversa
cuerdas atando.

Somos tú y yo.
Un todo en la nada.

Cada vez que los seres humanos se entregaban a las luces de Ayalga y no le prometían eterno amor, el hechizo continuaba y el cuélebre obtenía su premio: mantener al tesoro y a Ayalga cautivos devorando a los codiciosos seres humanos.

Recuerdo

Dos niños descubriendo sus fauces,
una selva por descubrir en sus cuerpos
buceando en las desérticas bocas,
en la madrugada de los despertares.

Descubrir paso a paso
los secretos de los aromas,
habitando en nuestros corazones
clandestinos amores.

Ayalga soñaba con ellos.

Ensoñación

Los vientos anuncian temblores
de las hojas que van abriendo su cuerpo,
cubren con satén
cada ápice de sus zonas erógenas.

Se alimenta de sueños
saciando el hambre de ausencia,
abrazada por los turbios pensamientos
añoraba tocar su sexo pensando en sus manos.

Sumisa bajo las esposas de las cadenas
se dejo azotar por lo divino,
para acabar rendida
en otros brazos de ensueño.

Unión

Me ciegan tus luces,
veo como te desnudas poco a poco
para compartir una noche loca,
deseos inconfesables con otro.

Mi cuerpo desnudo desea al tuyo
sentir a través de otra piel
tu sexo más profundo
hasta hacerte aullar de placer.

Un mundo nos une,
la pasión se desbordará en otros cuerpos
haciendo que los sudores
recorran el mapa de nuestra piel.

Ojalá fuera humano.

Tras la luz

Tiembla mi cuerpo en tu pensamiento
embrolla mi piel en tus sueños,
corsario de corazón blindado
en los mares de otros océanos.

Desnuda la piel,
entra en mi alma
apagando las tempestades
de los veranos olvidados.

Ven
revuélveme entera sin piedad,
ahora mis brazos despojados de rejas
ocaso de lo ausente.

Aquí estoy.
Sigue mi luz.

Petición

Me pidió un beso
sólo uno,
una mirada entregó
al alba desapareció.

No supo entender
el contenido del silencio,
en el desamor
sólo quería aliento.

Ella amaba el sosiego.

Latiendo

Armonía en el latido de tu corazón,
sístole a la pureza del sentimiento
arco iris en la diástole del capricho,
bombeando al palpitar del ardor.

Abriendo el pecho a ti
en la magia cardiaca de tus curvas,
obstruyendo a la razón
cayendo en la locura desnuda.

Eres lujuria reanimando
las luces hacia mis sombras,
arco iris en la tormenta
de los deseos.

Late mi sexo.

El Trasgu consigue tomar posesión del cuerpo de un joven que había visto las luces sobre la triste melodía de una canción, cuando ve a Ayalga la pasión se desata y todos los sueños que ella había vivido durante los tiempos emergieron de dentro de aquel cuerpo. Aquel sentimiento de amor que había nacido de la distancia se hizo real y los cuerpos amantes no supieron ocultar la lujuria contenida. Así Ayalga es liberada por el amor verdadero que en la distancia había sabido mantener a salvo su esencia, amor y placer unidos podrían romper cualquier maldición, ahora sus cuerpos eran uno.

Sherpa

Te llevaré de la mano
Para enseñarte el camino
Alcanzaremos la cumbre
De nuestros amores prohibidos
Te guiaré como un sherpa
Camino de la montaña
Beberemos en la nieve
Empapados en silencio
Extasiados nos quedamos sin palabras
Apretamos nuestros cuerpos
Mientras los copos penetran
Acariciando nuestros miedos
Que fluyan los manantiales
Escondidos
Gritamos mirando al cielo
Susurras entre mis brazos
Tienes miedo de tus silencios

Tus silencios tienen miedo
El aliento de tu boca
Susurra temblorosa
Tus sentimientos comprimes
Tienes miedo
Tienes miedo
El sherpa te da su mano
Y acaricia tus pechos
Confiesa que tras la cumbre
Anidan nuevos deseos
No tengas miedo
No tengas miedo
Descubrí la vida eterna
Jugando con nuestros cuerpos...
Recuerda que soy tu sherpa
El guía de tus deseos...

Despertaron de la ausencia
¿ por qué habían tardado tanto?,
masturbaban el tiempo
como si nunca hubiera existido.

Las manos en las pieles rompían las horas perdidas,
sus cuerpos retorcían las estaciones vencidas
en busca de sus lenguas juguetonas,
rastreando los deseos prometidos.

De sus montañas manaron ríos
del que bebían para saciar la sed,
los siglos fueron testigos de la pasión
que un libro había despertado.

Eran ellos, la memoria les guiaba.

El mago cautivo de su magia, había sido liberado al romperse el hechizo, libre él y la bruja decidieron dar una oportunidad al deseo y darle forma en un nuevo libro.

Pero eso es otra historia.

Índice

Este libro se terminó de componer
el 13 de mayo de 2024, onomástica de la Virgen de
Fátima y de San Pedro Regalado. Se cumplían 174 años
del fallecimiento de la escritora norteamericana
Frances Sargent Osgood, una de las más famosas
de su tiempo, y que mantuvo una correspondencia
literaria con Edgar Allan Poe. A ambos se les atribuyó
un romance.